AF467187

Aunillon de la Barre

ORAISON FUNEBRE
DE TRES-HAUT,
TRES-PUISSANT ET TRES-EXCELLENT PRINCE
LOUIS XIV.
ROY DE FRANCE ET DE NAVARRE,

Prononcée en l'Eglise Cathedrale d'Evreux le 7. Novembre 1715.

Par Mr L'ABBE' AUNILLON, Chanoine & Grand Vicaire d'Evreux, Abbé du Guay de Launay.

A PARIS,
Chez ETIENNE PAPILLON, rue Saint Jacques, aux Armes d'Angleterre.

M. DCC. XV.
AVEC PRIVILEGE DU ROY.

ORAISON FUNEBRE
DE TRES-HAUT,
TRES-PUISSANT ET TRES-EXCELLENT PRINCE
LOUIS XIV.
ROY DE FRANCE ET DE NAVARRE.

Fuit magnus ſecundùm nomen ſuum, maximus in ſalutem Electorum Dei.

Il fut grand par le nom qu'il porta, & tres-grand à procurer le ſalut des Elûs de Dieu. Au Chap. 46 de l'Eccl.

E nom de Grand plus d'une fois répeté dans les paroles de mon texte, plus vivement encore que cet appareil funebre, ne réveille-t-il pas dans vous, Meſſieurs, le ſouvenir de la perte que nous avons faite, dans la Perſonne auguste de Très-haut, Très-puissant & Très-excellent Prince LOUIS XIV. Roy de France & de Navarre ?

Témérairement la retracerois-je dans le lieu saint, à la face des Autels, en présence des Ministres du Seigneur, & dans l'assemblée des Fidelles, si mes paroles, aussi-bien que cette pompe lugubre, ne devoient servir à votre instruction, sur l'instabilité de la grandeur humaine. Portée au point, où l'ambition des Souverains, toute insatiable qu'elle est, n'ose même espérer de la voir monter, brillante sur le premier Trône de l'Europe, admirée, reverée sans interruption par de respectueux Sujets, enviée seulement par de jaloux Etrangers, fondée sur des droits transmis par une suite étonnante d'Ayeux, augmentée par des Conquêtes, soutenue par mille qualitez heroïques, supérieure dans son origine à toutes les Maisons Souveraines, & constante dans sa durée jusqu'à n'avoir été affoiblie, ni par la vieillesse, ni aux approches de la mort ; Telle a été, Messieurs, la grandeur du Monarque que nous venons pleurer.

Après tout ce Grand par excellence fut, & n'est plus : *Fuit magnus.* Semblable au Conquérant de l'Asie, ou par crainte, ou par étonnement, il fit taire en sa présence toutes les Régions de l'Europe, & parler à sa gloire les Nations les plus reculées de l'Orient. Mais outre qu'il n'attendit pas, comme Alexandre, qu'il se vît étendu sur le lit où il expira, pour connoître, & pour avoüer qu'il étoit mortel, il nous apprend encore par sa mort que l'immortelle grandeur n'est attachée qu'à Dieu seul, & que celle du monde périt enfin avec les Heros qui en firent l'admiration. Non, Messieurs, je ne craindrai pas d'emprunter des Livres saints, en faveur d'un Prince veritablement Très-Chretien, l'Eloge qu'ils donnérent autrefois au Successeur de Moyse, & d'appliquer à LOUIS LE GRAND, ce qu'ils nous tracérent à la gloire de Josué.

Le Saint Esprit tira la grandeur du généreux Conducteur d'Israel, du nom qu'il eut le bonheur de porter; *Magnus secundùm nomen suum.* Le nom de Jesus qu'il reçut dès l'enfance, fut un heureux présage de sa grandeur future. Il en remplit dans la suite la signification, & Libérateur du peuple choisi de Dieu, il l'introduisit, il l'établit dans la terre promise: *Maximus in salutem Electorum Dei.*

La voix du peuple, qui fut toujours celle de Dieu, décerna le nom de GRAND au Prince qui fait aujourd'hui le sujet de nos larmes. Nous pouvons dire de lui comme de Josué: *Magnus fuit secundùm nomen suum.* Josué fut grand par son nom, & LOUIS mérita de porter le nom de Grand. L'un, ce semble, fut en partie redevable de sa gloire au nom qu'il porta, & l'autre fut redevable de son nom à ses vertus & à sa gloire. Parceque Josué fut honoré du même nom que le Messie, & qu'il en devoit être la figure, il devint aussi grand que son nom le présageoit; & parceque LOUIS représenta dans sa Personne la grandeur de l'Eternel, dont il étoit l'image, nous lui donnâmes le nom de Grand. Il y a plus. Semblable encore à Josué, il fit usage de ce grand nom, pour s'assurer à lui-même le salut des Elûs de Dieu, & pour le procurer au peuple qu'il gouverna : *Maximus in salutem Electorum Dei.* En un mot si LOUIS fut appellé GRAND, c'est qu'il remplit par ses victoires, par sa sagesse, & par l'éminence de toutes les vertus royales, l'étendue de l'illustre nom qu'on lui déféra : *Magnus fuit secundùm nomen suum.* C'est le sujet de mon premier Point. S'il fut Grand par les qualitez brillantes, que le monde admire sur le Trône, il mit à profit sa grandeur pour son propre salut, & pour celui d'un peuple cheri de Dieu : *Maximus in salutem Electorum Dei.* C'est le sujet de mon second Point. Dieu le donna à la France, pour lui présenter dans la grandeur d'un homme quelques vestiges de sa propre grandeur; & il ne le revêtit de tant de gloire, que pour lui faire tirer, par sa grace, de son héroïsme même, des motifs & des ressources pour son salut, & pour le nôtre. Voilà, Messieurs, ce qui doit moins faire la matiere de son Eloge, que de nos reflexions & de nos larmes. Plus il fut grand, plus notre affliction doit être amere, & nos regrets douloureux. France, quelle lumiere viens-tu de voir s'éteindre ! Et vous, Nations voisines, autrefois nos Ennemies, peut-être que l'impression qui vous reste de sa gloire, vous l'a fait regreter, & nous plaindre. Si vous triomphez de nos malheurs, par vos haines vous trahissez vos apprehensions secretes, & vous nous faites sentir, combien il vous fut formidable. C'est un nouveau titre pour sa grandeur.

Pour Vous, MONSEIGNEUR, vous n'apportez pas dans ce saint lieu une tristesse contrefaite & une douleur de bienséance. Vous connûtes tout le prix du Monarque que nous avons perdu, comme il connut votre mérite, & qu'il le récompensa, en procurant le bonheur de ce Diocese. Il vous honora de son estime, & peut-être attend-t-il de votre gratitude le secours du Sacrifice, que vous allez offrir pour lui. Que par vos mains le Sang de l'Agneau sans tache coule aujourd'hui sur ces Autels, avec vos larmes! Que les unes mêlées avec l'autre, fassent cesser le reste de ses peines! Votre reconnoissance exige de vous des vœux & des offrandes pour sa grande ame, & votre pieté les rendra efficaces. M. l'Evêque d'Evreux.

C'est par vos ordres, MONSEIGNEUR, de l'agrément du Chapitre Vénérable qui m'écoute, & par le choix du Corps respectable de cette Ville, que j'entreprends l'Eloge funebre de LOUIS LE GRAND. Heureux si je réponds assez aux pieux sentimens qui vous animent, MONSEIGNEUR, & si je satisfais le zele & la pieté des illustres Compagnies qui composent cet Auditoire! Leurs prieres réunies avec celles de leur Pasteur, feront au Ciel une agréable violence, & elles acheveront de purifier un Roy, que la pénitence a disposé au bonheur de l'Eternité. *Hæc vis Deo grata est.* Tert. in Apol.

PREMIER POINT.

LE croirez-vous, Meſſieurs ? Les noms illuſtres que les peuples impoſent à leurs Rois, ne ſont preſque jamais l'ouvrage de la prévention, ou de la flaterie. Lorſqu'il s'agit de diſtinguer les Souverains par des titres qui les marquent ; la voix publique eſt alors l'interpréte des ſentimens publics, & ſi j'oſe le dire, l'inſtinct y a ſouvent plus de part que la réflexion. On ſent certaines qualitez qui dominent dans leurs perſonnes, ou même certains défauts qui les caractériſent. C'eſt là que la multitude s'attache, & ſans avoir ou déliberé, ou concerté, mille & mille voix s'élevent toutes enſemble pour, ou contre le Monarque, donné en ſpectacle à ſes Sujets. Ce fut ainſi que la France déſigna preſque tous ſes Maîtres, tantôt avec hardieſſe par des noms flétriſſans, tantôt avec juſtice par des noms glorieux ; Noms qui ne périrent pas avec eux ; mais que l'Hiſtoire a reconnus comme le vrai caractere de leurs perſonnes, & de leur regne. Ainſi l'amour de l'équité fit donner aux uns le nom de Juſte ; une Majeſté reſpectable fit appeller les autres du nom d'Auguſte ; d'autres reçurent le nom de Hardy, de l'intrépidité qu'ils portérent dans les combats ; & le nom de Débonnaire fut, pour d'autres, la marque de la tendre indulgence qu'ils eurent pour leurs proches, & pour leurs Sujets. Ne pouſſons pas plus loin ce dénombrement, & ne rappellons pas le ſouvenir de ceux de nos Rois, que des ſurnoms deſavantageux rendront

dront à perpetuité moins reſpectables. Contentons-nous d'en conclure, que les noms, qui de tous tems furent décernez à nos Souverains, tinrent de la franchiſe, & de la ſincerité propre de la Nation Françoiſe.

Me ſera-t-il permis d'appliquer ici à l'Oingt du Seigneur, que nous avons perdu, ce que Saint Paul prononça autrefois à la gloire du véritable Chriſt? Par le nom qu'il reçut de l'Eternel, dit le Saint Apôtre, on reconnut ſa ſupériorité ſur toutes les intelligences créées : *Tantò melior Angelis effectus, quantò differentiùs præ illis nomen hæreditavit.* *Ad Hebr. cap. 10.*

Monarques qui gouvernâtes la France, Anges tutelaires de nos Contrées, ne nous vantez plus les noms glorieux, qu'un peuple ſincere vous déféra! Si votre mémoire nous eſt encore chere par les noms d'Auguſtes, de Hardis, de Débonnaires, ou de Juſtes, cédez à un nom qui met un long intervalle entre LOUIS & vous! *Quantò differentiùs præ illis nomen hæreditavit.* Dans le ſeul nom de Grand ſont renfermez ceux d'Auguſte, de Brave, de Débonnaire & de Juſte. C'eſt un aſſemblage de toutes les qualitez qui brillent ſur les Trônes, & qui les affermiſſent. Point de grandeur royale, ſans un air de dignité qui rend auguſte; ſans une valeur qui fait trembler l'Ennemi, & qui raſſure les Sujets; ſans une bonté qui épargne le ſang, & qui panche vers la clemence; ſans une équité qui connoiſſe le mérite, & qui ſçache le récompenſer. On peut être ou juſte, ou brave, ou bienfaiſant, ou auguſte, ſans être grand. Mais pour mériter le nom de Grand, il faut devoir à la nature les avantages du corps, & la supériorité de l'esprit; enfin tenir de la main du Seigneur toutes les vertus qui forment le cœur, & qui l'élevent au-dessus des cœurs vulgaires. Cette idée seule, Messieurs, n'a-t-elle pas rappellé tout à la fois sous vos yeux l'auguste Mort que nous pleurons, & justifié la distinction que nous fîmes de lui, en lui faisant porter le nom de GRAND? Non, Messieurs, la France ne le prodigua pas ce titre, qui réunit tout ce qu'il y a d'estimable dans les autres titres. Il faut remonter jusqu'à Charlemagne pour en trouver parmi nous l'origine. Comme si, jusqu'au premier des Rois Bourbons, nul n'eût été digne de le porter, la trace s'en étoit perdüe dans une si longue suite de Rois. Avec raison elle s'est renouvellée de nos tems dans la Personne de LOUIS XIV. Mais que dis-je? quels effets votre admiration, & l'épanchement de mon cœur vont-ils produire sur le vôtre? En vous le représentant aussi Grand qu'il fut, ne dois-je pas craindre de rendre votre douleur plus vive? Quoi qu'il en soit, ne dérobons rien à son Eloge, pour épargner notre sensibilité. LOUIS avoit mérité le nom de GRAND lorsqu'il le reçut: il le soutint après l'avoir reçû: il sçut le mettre à profit pour sa gloire, & pour celle de l'Etat. C'est la preuve complette de mon texte: *Magnus fuit secundùm nomen suum.* Que nos regrets, Messieurs, soient un moment suspendus, pour faire place à l'admiration.

Si je n'étois accablé par l'abondance de mon

ſujet, je chercherois dans la naiſſance de LOUIS des preuves de ſa grandeur. Je ferois le dénombrement de ſes Ayeux; puis meſurant les limites qu'avoit alors la France, & l'élévation où elle étoit montée, je m'écrirois que dès le moment qu'il vit le jour, nul des enfans des hommes ne nâquit plus grand que lui. Je vous dirois que la Victoire ſe plut à répandre ſes dons ſur ſon berceau; que l'Eſpagne, ſi long-tems la Rivalle de la France, commença de perdre l'aſcendant qu'elle avoit pris ſur elle, & que dèſlors elle deſeſpéra de pouvoir ſe maintenir dans l'égalité. Au lever de l'aſtre qui devoit nous éclairer, toutes les parties de l'Etat en ſentirent la chaleur. De là cette ardeur martiale, qui nous rendit tant de fois Vainqueurs ſur mer & ſur terre. Providence de mon Dieu, vous ébauchiez déja dans LOUIS Dauphin, l'immenſe grandeur de LOUIS LE GRAND! Après tout ce n'étoit pas encore aſſez pour vous & pour lui! Vous arangeâtes tellement les événemens qui devoient le conduire au plus haut point de la gloire humaine, qu'il l'a dût auſſi à ſon mérite!

L'idée de Grand eſt ſi étendue, Meſſieurs, qu'il faut du tems, pour réunir dans un ſeul homme toutes les parties qui la compoſent. Auſſi LOUIS ne l'exprima dans ſa Perſonne, qu'avec ſucceſſion, & par degrez. Sans bonheur il n'eſt pas poſſible d'être Grand, du moins de ce genre de grandeur qui frappe, qui étonne, qui éblouit. Etre né heureux, c'eſt un preſent du Ciel, qui fait comme la baze de l'héroïſme. Dès que LOUIS eut pris les Resnes de l'Etat, la Prospérité se fit sa compagne, & ne l'abandonna plus, qu'elle ne l'eut rendu Grand. Laissé sous la Tutelle & sous la Régence d'une illustre Reine, les espérances de nos Ennemis se ranimérent au dehors, & les factions intestines s'échaufférent au-dedans. Vaincre les uns, calmer les autres, ce fut moins l'ouvrage du mérite dans le jeune Roy, que l'effet de son bonheur. Tandis qu'il s'occupoit des amusemens de l'enfance, sous ses auspices on tailloit en pieces une Armée Imperiale à Reinfeld. Le Grand Condé faisoit pour lui les essais de la Victoire à Rocroy; & l'incomparable Turenne, (quel nom pour vous, Messieurs, qu'il vous est agréable de l'entendre, & d'en voir l'éclat soutenu, dans cette Province, avec tant de dignité & de noblesse, par les illustres héritiers de sa gloire & de sa grandeur!) Turene devant Rotewil, tout jeune qu'il étoit, signaloit ses premiers exploits, autant par sa sagesse, que par sa valeur. Un illustre Cardinal, dont le nom vous est aussi cher que celui que vous venez d'entendre, étoit l'ame de ces prodiges, & la sagesse de Jules Mazarin causoit en partie le bonheur du jeune Roy, & elle assuroit ses prospéritez. C'est ainsi que Dieu, qui conduisoit par la main LOUIS au comble de la gloire, lui conservoit des Ministres, & lui formoit des Généraux, qui devoient lui en applanir les routes, & lui en défricher les sentiers.

M. le Duc de Bouillon.

Cependant les Auteurs même de la prospérité du jeune Monarque, sentirent pour quelques inſtans leur zéle ſe ralentir. Déja la diſcorde nous diviſe : déja le fer arme le Citoyen contre le Citoyen : déja..... Détournons les yeux du ſpectacle affligeant d'une Minorité troublée : ou ſi nous y réfléchiſſons, que ce ſoit pour benir le bonheur de nos tems ! Le Ciel a ſuſcité un Ange formidable pour veiller à la ſécurité de l'Etat. Il ſçait gouverner le ſceptre, comme il ſçait manier l'épée. Oui, Meſſieurs, le préjugé ſeul d'une valeur connüe par des exploits, & d'une fermeté à l'épreuve des périls, réprimera juſqu'aux premiers deſirs d'ambition, avant qu'ils oſent ſe former, comme ſa vigilance a prévenu les maux, dont nous craignions d'être accablez.

Bien-tôt le bonheur de LOUIS eut appaïſé les émotions domeſtiques. L'Onction qui le conſacra adoucit tous les cœurs ; & lorſqu'il eut pris le gouvernail en main, les nuages furent diſſipez. Dès que l'âge eut meuri ſes réfléxions, il connut le prix de la vertu. Sans ſe ménager, il entra dans la carriére de la gloire. Il vit tout par ſes yeux, il devint l'ame de ſes Conſeils, & pour tout dire en un mot, ce ne fut plus au ſeul bonheur qu'il voulut devoir les prodiges de ſon Regne, ce fut à l'application, au travail, à l'action. On vit briller en lui des vertus domeſtiques, des vertus civiles, des vertus militaires ; mais des vertus domeſtiques, relevées par toute la ſplendeur de la magnificence royale ; mais des vertus civiles, ſuivies des adorations d'un peuple content & glorieux ; mais des vertus militaires, accompagnées d'une rapidité de victoires, qui ne fut guére surpassée par les anciens Conquérans.

Vertus domestiques.

Remettons-nous en esprit, Messieurs, aux tems, où le jeune Monarque, sans avoir encore le nom de Grand, faisoit, ce semble, des efforts pour le mériter. Une Cour brillante se rassembloit au tour de lui. Sans qu'il affectât de ternir l'éclat de la foule qui l'environnoit, sa seule présence l'effaçoit toute, & son air annonçoit qu'il en étoit le maître. Cependant la jalousie n'osoit monter jusqu'à lui. Quoiqu'on disparût dès qu'on l'approchoit, on se trouvoit heureux de pouvoir venir se confondre devant lui, avec la multitude. C'étoit pour les Grands une espéce d'exil, que d'être obligez de s'éloigner pour un tems. Aussi la magnificence, la politesse, & l'élégance dans les plaisirs étoient autant d'amorces, qui les attiroient autour du Roy. A Dieu ne plaise que j'approuvasse, en présence des Autels d'un Dieu pauvre, & humble de cœur, cette pompe du siécle, si les Livres saints ne l'avoient célébrée dans la personne de Salomon, & si Dieu lui-même ne l'avoit autorisée, par le présent qu'il en fit à un Roy, pour lors selon son cœur! LOUIS à son exemple, aima la sagesse, la préféra à tous les autres biens, & Dieu lui donna l'opulence, comme de surcroît. Ses Flottes lui transportérent l'or d'un autre Ophir. Plus d'un Hiram fournit les raretez de son pays à la somptuosité de ses Edifices. Un autre Tyr nous prêta des Ouvriers habiles, qui perfectionnérent parmi nous le goût des arts. Ce Palais enchanté, qui sembla sortir du néant, au milieu d'une terre ingrate, surpassa celui que

Salomon bâtit dans la Forêt du Liban. Ce Trône si vanté, que le Roy d'Israel fit fondre, n'eut rien de comparable aux meubles précieux, qui décorérent ses portiques. Au milieu de cet appareil éblouissant, présidoit un seul homme, dont la majesté personnelle répondoit à la splendeur dont il étoit environné. Sur lui-seul tous les yeux étoient attachez. Une armée entiére veilloit à sa garde, plus pour la décoration, que par nécessité. Ses ordres voloient sans cesse dans toutes les Contrées de l'Univers ; & des Extrêmitez du monde, on accouroit pour l'admirer. Une Reine partit de l'Aquilon, pour s'assurer par ses yeux, si la Renommée n'avoit point exageré, ce qu'elle en publioit jusques sous le pôle. Elle le vit, & comme une autre Reine de Saba, on l'entendit s'écrier : *Votre sagesse, & vos actions sont supérieures, à ce que j'en ai appris.* Cependant cette magnificence, si nécessaire à l'autorité du Gouvernement, n'étoit que la moindre des vertus domestiques de LOUIS. Il aimoit à partager sa gloire avec l'illustre Reine, que le Ciel lui avoit unie. Il respectoit sa vertu, & sans troubler le repos qu'elle aimoit, il se plaisoit à lui laisser prendre tout l'air de dignité, qu'elle devoit avoir sur le Trône. Il détournoit sur l'éducation du Dauphin son Fils une partie des soins, qu'il donnoit aux affaires. Il cultivoit la tendre union, que la convenance des caractéres, plus encore que le sang, avoit formée entre le cœur du Prince son frere, & le sien. Nulle intrigue dans la Famille regnante ; nuls mécontentemens d'éclat. Aussi dans

Major est sapientia tua, & opera tua, quam rumor quem audivi. Tert. Reg. c. 10.

LOUIS un aſſortiment de vertus, oppoſées, ce ſemble, tempéroit l'une par l'autre, pour en faire un auſſi honnête homme, dans le domeſtique, qu'il étoit un grand Roy, dans le public. L'humanité adouciſſoit dans ſes entretiens particuliers, cet air de fierté qu'il avoit reçu de la nature. La réſerve dans ſes paroles, toujours préciſes, & toujours meſurées, le précautionnoit contre ces railleries, qui ne font jamais de légeres bleſſûres, lorſqu'elles partent d'une bouche reſpectée. L'inquiétude, le dépit, & le chagrin ne ſe manifeſtérent point ſur ſon front, & ne trahirent point ſes ſecrets. Il conſerva de l'égalité d'humeur, juſques dans l'inégalité des évenemens. Pour dire quelque choſe de plus, dans lui l'amitié ne fut pas incompatible avec la Majeſté. Vous le ſçavez, illuſtres Amis, dont il ſentit l'attachement à ſa Perſonne, plûtôt qu'à ſon rang ! Il vous ouvroit ſon cœur avec franchiſe, & il venoit ſe délaſſer avec vous de la gêne importune de la Royauté. Tant de vertus domeſtiques, qui ne ſont jamais cachées dans un Roy, ſe répandirent plus loin que ſes Etats, & diſpoſérent les eſprits à lui deſtiner le nom de GRAND.

Vertus civiles.

Comme les vertus civiles & publiques de LOUIS nous intéreſſérent plus, que ſes vertus d'homme privé, nous y fîmes plus d'attention. Nous comparâmes le Roy que le Seigneur nous avoit donné dans ſa miſéricorde, avec ceux qu'il donne quelquefois dans ſa colére. De ceux-ci, les plus approuvez ſont d'ordinaire les politiques. Mais dans eux une violente ambition ne ſe ſoutient guére,

guére, que par la cruauté, ou par la souplesse. Ils n'empruntent de la Justice que le glaive, pour verser du sang, & rarement la balance, pour peser les droits, & les services. D'autres, imprudens lorsqu'il faut entreprendre, sont téméraires quand il faut exécuter. D'autres enfin, oisifs & indolens, souffrent le désordre par molesse, ou l'autorisent par une vie livrée à la volupté. Nous ne reconnumes dans LOUIS que des vertus opposées à ces vices, qui déshonorent les Trônes. L'habileté, il est vrai, & la sage conduite le distinguérent parmi les Monarques ses Rivaux. La France sous le regne précédent s'étoit réformée. Souvent, à l'aide du sage Ministre dont Louis le Juste avoit fait choix, elle avoit déconcerté les projets de la prudente Espagne. Le Fils & son Conseil (c'est beaucoup, mais ce n'est pas trop dire) surpassérent encore en habileté le Pere & son Ministre. Quelle maturité dans les délibérations? quelle justesse dans les mesures? quel impénetrable secret dans les résolutions? quelle célérité dans l'exécution? La prise de Gand, parmi cent exemples, fut une preuve si sensible, pour l'Europe, de la supériorité de sagesse qu'eut la France, qu'elle desespéra de l'égaler. Elle se laissa dicter à Nimégue les conditions de paix, qu'il plût au Vainqueur de lui prescrire. Cependant, pour arriver là, nulle démarche que dans l'honneur, nul procédé qui ne fut mesuré sur le droit des gens, nul artifice répréhensible. Ennemis confédérez & vaincus, vous célébrâtes vous-mêmes la modération d'un Prince, qui en

Richelieu.

état de tout éxiger, traça dans ſon Cabinet des articles, que vous regardâtes comme un bien d'accepter.

Déja depuis long-tems l'Europe étoit accoutumée, à n'attribuer aucun de nos avantages à la fortune des armes. On ſçavoit que la main qui tenoit la foudre ſuſpendüe, ne la laiſſoit pas tomber au hazard. On voyoit l'orage ſe former, ſans ſçavoir où il iroit fondre ; mais on étoit convaincu que le lieu où il porteroit le ravage, ſeroit celui qu'il importoit le plus à la France de déſoler. Cependant la Victoire détournoit nos Armes, où elles n'étoient pas attendües ; & la rigueur même des ſaiſons ne laiſſoit reſpirer, ni les Vainqueurs après leurs fatigues, ni les Vaincus après leurs pertes. Telle fut la prudence qui gouverna les pas de LOUIS contre les Ennemis de ſon Etat.

Virga directionis, virga regni tui. Pſ. 44. *Non accedet ad te malum, neque flagellum appropinquabit tabernaculo tuo.* Pſ. 90.

Au-dedans, le Sceptre, à l'ombre duquel nous vivions, dirigeoit tout au bien des Sujets. Les malheurs de la guerre étoient un fleau, qui frappoit les contrées voiſines ; mais qui reſpectoit nos frontiéres. Le mal n'arrivoit pas juſqu'à nous. On cultivoit ſes terres en repos, & l'on en récuilloit les fruits ſans allarmes. Le Vaſſal à l'abri des concuſſions de ſon Seigneur, ne plaignoit point le peu qu'il contribuoit à la proſpérité de nos Armes. Les Villes étoient policées, & la Capitale, ſur-tout, trouvoit la ſécurité du plus grand jour, pendant les ténébres des plus ſombres nuits.

La valeur françoiſe, qui ſe tournoit quelquefois contre des Compatriotes, reglée par les rigoureux

Edits qui punirent les duels, n'avoit plus d'autre objet que l'Ennemi. Les procédures de la Justice mises en ordre, & redigées dans un Code, prescrivoient aux Juges des maximes uniformes, & épargnoient aux Clients les frais de la chicanne, & les immenses travaux des poursuites. Les Sciences, les Arts florissoient, & les Exercices de l'Esprit n'étoient point troublez par le fracas des armes. On bâtissoit des Citadelles, pour arrêter l'Ennemi, & des Observatoires, pour contempler les astres. LOUIS fournissoit sans cesse une noble matiére à l'Eloquence & à la Poësie; & les Poëtes, aussi-bien que les Orateurs, quoiqu'arrivez à la perfection de leur art, se trouvoient inférieurs à leur sujet. Le Commerce se fortifioit par les Colonies nouvelles, que la France établissoit. L'érection de nos Manufactures nous apprenoit à nous passer de l'industrie de nos Voisins, & les contraignoit d'avoir recours à la nôtre. Tant d'avantages, qui furent les fruits du Regne qui vient de s'écouler, ne méritérent-ils pas à LOUIS, au moins le surnom de GRAND dans la paix?

Ce ne fut pas assez pour lui, Messieurs. Nul genre de grandeur ne lui manqua, avant qu'il fût appellé GRAND. Le Dieu de Paix qui s'étoit représenté dans LOUIS, par des traits aimables, voulut qu'on reconnût encore dans sa personne, l'image du Dieu des Batailles. Cependant, animé qu'il étoit du desir de la gloire, il ne se consulta pas seul, pour devenir Conquérant. Des prétextes de déclarer la guerre eussent suffi à tout autre Roi,

Vertus militaires.

jeune, opulent & Maître d'une Nation belliqueuse. Il fallut à LOUIS quelque chose de plus. Les droits inconteſtables de la Reine, & une eſpéce de néceſſité l'y contraignirent. Souffrez, Meſſieurs, qu'un Miniſtre pacifique, parcourre une carriére ſanglante, malgré l'horreur qu'il a du ſang. Le Roy s'arme, & la Flandre en eſt épouvantée. Turenne eſt le Joab qui conduit le nouveau David à la Victoire. LOUIS ſe montre, & les murs tombent à ſon aſpect. Charleroy, Binch, & Ath préviennent ſon couroux par leur ſoumiſſion. Oudenarde s'applaudit d'avoir tenu vingt-quatre heures en préſence de LOUIS. L'Iſle défendue au-dedans, par une armée auſſi nombreuſe, que celle qui l'attaque au-dehors, à la vûe de Marſin qui vole à ſon ſecours, ſe rend au Roy, après neuf jours de ſiége. Marſin lui-même, mis en déroute par le Roy près du Canal de Bruges, ſent la ſupériorité d'un jeune Vainqueur, ſur un vieux Capitaine. Ici je m'apperçoi que la vivacité de l'Orateur ne peut égaler la rapidité du Conquérant. Condé guide les Troupes, & le Roy les commande, en Franche-Comté. Bezançon ſe rend au Prince après deux jours de tranchée ; & Dol, l'invincible Dol ſe ſoumet à LOUIS, qui en avoit conduit le ſiége en perſonne. La priſe de Gray mit fin à une Campagne, qui réduiſit ſous la France une Province précautionnée depuis long-tems contre nos juſtes prétentions.

Le torrent ne tarda pas à ſe déborder. L'ingrate Hollande venoit de s'unir aux envieux de la France, & les trois Nations de l'Europe les plus infectées de l'hérésie, formérent, entre elles, ce qu'elles appellérent la triple Alliance. De nouveaux Ammonites avoient ajouté l'insulte à la méconnoissance & aux ligues, contre l'Oingt du Seigneur en Israel. LOUIS les prévint. Les Hollandois comptoient en vain sur d'immenses richesses rassemblées par le Commerce, sur les Fleuves profonds dont ils sont environnez, & sur des Citadelles noyées dans des marécages. Les Armes de LOUIS se partagent, sans diviser son bonheur, & sa bravoure. Le Roy assiége Rheinberg, & le réduit en cinq jours. Philippes de France fait sentir à Orsoy, qu'il est animé de la même valeur que LOUIS. Le Prince de Condé se fait un jeu de Vesel, & Turenne soumet Buric en trois jours. Cependant l'Arche de l'alliance nouvelle reposoit, tous les jours, dans les Villes conquises. Un Fleuve plus grand que le Jourdain fit obstacle à son passage. Fut-ce un miracle de la providence ? fut-ce un prodige de valeur ? Le Rhin débordé couvre les campagnes de ses eaux. Une Armée Ennemie rangée sur l'autre rive en défend les approches. L'œil du Roy fait mépriser aux siens le double péril, des eaux, & du feu. On passe le Fleuve à la nage, on pénétre au cœur de la Hollande, on va chanter les Cantiques du Seigneur dans une terre Ennemie. Alors plus d'une Jéricho, au seul son de la trompette, n'a plus de confiance dans la force de ses remparts. Le Roy y entre aux acclamations du peuple, plûtôt en triomphe, après une Victoire remportée, qu'en Conquérant qui cherche à introduire la Victoire par les armes. Sa gloire croît, & ses Ennemis se multiplient. Toute l'Europe se croit intéressée à en arrêter le cours. La France reconnoît, pour la premiére fois, sa supériorité sur l'Europe entiére. Turenne avec peu de troupes arrête une effroyable inondation d'Allemans. Condé, dans les broussailles de Senef, attaque trois Armées confédérées, & conserve à la France la gloire des armes. LOUIS en profite, & se rend Maître de Valenciennes. Grand Roy ! l'Histoire qui ne sçait plus flatter les morts, osera vous reprocher sans doute, d'y avoir trop hazardé une vie si précieuse à vos Etats. Falloit-il acheter le nom de GRAND par vos périls, & par nos allarmes ? La paix que vous accordâtes à l'Europe, les fit cesser. Alors tous les sentimens se trouvérent réunis en votre faveur. Rome, dont vous tirâtes une juste satisfaction, également charmée de votre modération à permettre qu'on renversât une piramide qui la deshonoroit, & édifiée de votre soumission à recevoir ses Bulles, vous reconnut sous le nom de GRAND. L'Espagne jusqu'alors si fiere de ses titres, & qui dans Londres venoit de disputer la préséance à votre Ambassadeur, renonça publiquement à la prétention de vous précéder jamais. Elle mêla sa voix avec le reste de l'Europe, pour vous donner le nom de GRAND. La France, alors pleine d'Etrangers, les vit se confondre avec elle, pour vous appeller du nom de GRAND. Les Monumens, les Inscriptions publiques, ne présentérent plus à nos yeux que le nom de LOUIS LE GRAND. Enfin le Seigneur lui-même, par la bouche de ses Ministres, parut autoriser ce nom, & vous redire ce qu'un Prophete disoit de sa part à David : *Feci tibi nomen grande, juxta nomen magnorum, qui sunt in terra.* C'est de moi que vous tenez un nom, qui vous égale à ce qu'il y eut de plus grand sur la terre.

2. Reg. cap. 7.

Il soutint le nom de GRAND.

LOUIS le soutint ce nom, après l'avoir reçu. La perte de deux Capitaines invincibles, ne diminua point sa gloire. Nos Ennemis l'espérérent, & leurs espérances furent confondües. Ils furent étonnez de voir Luxembourg, & Catinat prendre sur eux le même ascendant, que Condé, & que Turenne, & ils eurent lieu de se convaincre, que LOUIS étoit l'ame, qui donnoit le mouvement à ses Généraux, & qu'il leur prêtoit son bonheur, en leur communiquant ses lumiéres. On le vit peu souvent alors à la tête de ses Armées. Plus d'une fois la France allarmée de ses périls, lui avoit dit, ce qu'on répétoit à David avec serment : *Juraverunt viri David dicentes : jam non egredieris nobiscum in bellum, ne extinguas lucernam Israel.* Non, vous ne courrez plus avec nous des dangers, qui nous firent frémir. Non, un coup fatal ne viendra pas éteindre la lumiére d'Israel. L'expérience du Roy y suppléa. La Ligue d'Ausbourg n'est pas plûtôt formée, qu'elle est prévenue. Le Dauphin son Fils va faire connoître à l'Allemagne de quel Sang il est issu. Le siége de Philisbourg, & la réduction du Palatinat honorérent le Fils, & rendirent encore

2. Reg. cap. 21.

le Pere plus formidable. Le Prince d'Orange éprouva en Flandre, & le Duc de Savoye au cœur de ses Etats, que les Heros de Senef & de Zintzeim revivoient dans ceux, qui combattoient à Fleurus, à Stinkerk, & à la Marsaille. L'envie de nos Ennemis s'irritoit, à mesure que la gloire du Roy prenoit de nouveaux accroissemens. LOUIS parut vouloir compatir à leur foiblesse. Devenu plus Grand, que quand on lui en donna le nom, plus redouté par de nouvelles Conquêtes, environné d'un nombre de Princes ses Petits-Fils, qui faisoient la gloire, & l'affermissement de son Trône, plus orné que jamais de ces vertus chretiennes & royales, que la maturité de l'âge avoit confirmées, il oublie à Riswick ses propres intérêts, pour rendre le repos à l'Europe. Alors dans une profonde tranquillité, il laisse admirer sa grandeur, sans presque s'appercevoir qu'il est Grand. Espagne tu en fus frappée ! Ta pénétration te fit prendre, le dessus, sur tes anciennes haines ! La Race de tes Rois te fut enlevée ! Ta justice soutint ton discernement ! Tu déféras le Sceptre à un Petit-Fils de LOUIS, & tu t'honoras par ton équité !

Il perçut tous les fruits du nom de GRAND.

Vous me prévenez, Messieurs, & vous concevez que LOUIS soutint également sa grandeur; & qu'il en perçut tous les fruits. L'impression qu'elle fit sur les Princes de son Sang, & sur son Peuple, les tint toujours dans un silence, qui ressembloit, en quelque sorte, à la vénération qu'on a pour Dieu, dont il étoit l'image. L'on ne vit point

point l'ambition de regner frémir à ses côtez, & lui envier les jours d'un trop long Regne. Elle ne forma, dans des cœurs respectueux, aucun désir impatient. Les Princes de son Sang rangez autour de lui, à peu près comme les Anges qui environnent l'Eternel, & prêts à porter ses ordres par tout où ils seroient envoyez, n'étoient occupez que de l'idée de sa gloire. Aussi l'on ne vit point, dans la famille de LOUIS, des inférieurs affecter l'égalité, ou des Rebelles dire, dans un moment d'yvresse, *je monterai, & je serai semblable au Très-Haut.* Nul Absalon ne se laissa séduire par des conseils violens, & nul esprit turbulent n'eut la hardiesse d'en jetter les semences. Depuis que les tempêtes de la Minorité furent calmées ; pendant plus de soixante ans, aucun souffle ne souleva nos Provinces. De quel Etat ? de quel Regne en peut-on dire autant ? Non, Messieurs, l'autorité des Souverains n'est pas, dans eux, une simple vertu ; c'est l'effet, c'est le fruit de toutes les vertus réunies. Leur assemblage répand tant de lumiére, que les yeux en sont frappez, éblouïs. On les admire, & les plus factieux, ou cedent par l'apprehension, ou sont contenus par le respect de la Majesté. Peuple François, fidéle à ton véritable Maître, que de maux, que de sang ne t'es-tu pas épargné ! tranquile, tu vis les sanglantes révolutions de tes Voisins ! Tu benis un Roy magnanime, qui donna un azile à des Rois fugitifs & proscrits ! Au tems de ton infortune, tu comparas l'épuisement, où la nécessité des guerres t'avoit réduite, avec le bouleversement des Etats moins paisibles, & tu te sçus gré de ton bonheur! Tu supportas tes maux avec patience, convaincüe qu'un moment d'éclipse n'avoit pas diminué la grandeur de l'Astre qui t'éclairoit! Tu te promis la sérénité, après un léger obscurcissement! En effet la Victoire de Dénain, & la paix d'Utreck, nous remontrérent le Roy aussi Grand qu'il avoit été. Les anciennes traces de sa gloire reparurent. L'Empire les vit à Rastadt, & les révéra. Alors jouissant de sa grandeur, LOUIS, j'ose le dire, ne goûta son bonheur, que par l'espérance de nous rendre bien-tôt heureux. Mort cruelle, tu arrêtas le cours des prospéritez, qu'une longue paix nous eût enfin amenées! Mais nous rétablir dans une félicité parfaite, c'étoit un ouvrage réservé au Prince, qui commence à nous en faire goûter les prémices. Il n'en est pas moins vrai de dire, que LOUIS ne nous fut enlevé, qu'au comble de sa grandeur. A sa mort même, nous fûmes en droit de nous récrier : *Fuit magnus secundùm nomen suum.* Il fut grand selon le nom qu'il porta. J'ajoute en second lieu qu'il fut plus grand encore à procurer le salut des Elûs de Dieu : *Maximus in salutem Electorum Dei.* C'est le sujet de ma seconde partie.

SECOND POINT.

NE parlons plus de grandeur humaine, Messieurs. Elle est sujette aux loix de la mort; & toute fragile qu'elle est, il est à craindre qu'elle ne détourne vers elle quelqu'un de nos désirs ; ou même qu'elle ne les dérobe tous, au Dieu qui en est jaloux. Cependant tous les genres d'ambition ne nous sont pas absolument interdits. En vain le Créateur en eût mis les semences dans nos ames, si elle ne pouvoit être d'aucun usage pour l'Eternité. Faisons changer d'objet à cette noble passion, & sans la détruire, détournons-la des grandeurs périssables, pour la fixer toute à la conqueste du Royaume des Cieux. Certainement si les deux fils de Zébédée eussent borné leurs souhaits, à mériter, par des souffrances, les premiéres places dans un Royaume éternel, les deux fils de Zébédée n'eussent pas été répréhensibles.

Je l'avoüerai avec sincérité ; peut-être que le Monarque, dont nous pleurons la mort, ne fut pas exempt de cette ambition du siécle, dont l'histoire fait tant d'honneur aux Héros prophanes. Mais toute brillante qu'elle est aux yeux des hommes, elle est méprisable aux yeux de Dieu. Que fit LOUIS ? Par une généreuse émulation pour les dons parfaits, il sçut réparer ce qu'il y eut de trop humain, dans l'ardeur qu'il eut pour la gloire. Sans cela, nous le loüerions où il n'est plus, comme les Conquérans de l'antiquité payenne, tandis qu'il seroit tourmenté dans ces lieux de ténébres, où il ne se trouve qu'horreur, & que confusion. A son égard tout nous calme, tout nous rassûre, lorsque nous le considérons avec des yeux chretiens. Il fut plus grand encore, par ce qu'il fit pour le salut des Elûs de Dieu, c'est-à-dire pour le sien, & pour le nôtre, que par l'assemblage des vertus royales, qui le rendirent Grand aux yeux des hommes : *Maximus in salutem Electorum Dei.*

Repassons sur les vestiges les plus marqués de sa grandeur. Ici, que le Héros prophane cede au Héros chretien, & que LOUIS paroisse encore plus Grand, dans la conqueste du Royaume de Dieu, qu'il ne fut Grand, par la terreur dont il remplit ses Ennemis. Des espérances bien fondées de son salut, adouciront nos regrets de sa mort; & si nous gémissons d'avoir perdu le plus Grand de nos Rois, nous serons consolez par des préjugez solides de son bonheur éternel.

La grace de Dieu, Messieurs, s'accommode aux inclinations des Elûs. Le Créateur avoit tourné le cœur de LOUIS à la grandeur; aussi n'attendez rien que d'illustre, que de magnifique, dans les voyes qu'il prit pour le sanctifier : *Magnificentia in sanctificatione ejus.* La Religion dont il fut pénétré dès l'enfance, fut dans lui accompagnée de noblesse, de dignité; & l'on peut dire qu'il fut Chretien en grand Roy, comme il ne fut grand Roy, que parcequ'il étoit véritablement chretien. Sa foi fut aussi simple, & aussi soumise, que l'éxigea JESUS-CHRIST. Plus son esprit fut pénétrant, éclairé, plus il prit plaisir à le captiver sous le joug de la dépendance.

Ps. 95.

Des contestations s'élevent, il a recours au Vicaire de JESUS-CHRIST. Sans s'ériger en Arbitre,

& sans empiéter sur les divers Tribunaux qui composent l'Eglise, il attend les réponses de l'Arche posée sur la Montagne de Sion. Elle parle, sa voix est reçüe comme celle de Dieu même. Il l'écoute, il la révére. Jusques là, dût aller la soumission du véritable fidéle. Le Roy parut à son tour. Il se signala quand il falut faire exécuter des Arrêts prononcez par le Chef visible de l'Eglise, & reçus par le Corps des Pasteurs.

Avec la même magnanimité, il extirpa l'hérésie enracinée depuis plus d'un siécle au cœur de ses Etats. La violence nous fit accorder des Edits favorables au Calvinisme, que la nécessité nous força de tolérer. Pendant deux Regnes consécutifs, l'Eglise de France, autrefois si pure, fut obligée de supporter le mêlange du Samaritain avec le Juif, & de voir le culte de Garizim à la porte de Jérusalem. Nous attendions un Libérateur qui réduisît tout à l'unité. Que de religion, que de force, que de supériorité sur les Nations voisines, ne fallut-il pas trouver réunies dans un seul Prince, pour anéantir une secte factieuse, qui se soutenoit également, par son union au-dedans, & par ses correspondances au-dehors? Nous ne lisons pas dans l'avenir; mais à en juger par le passé, peut-être auroit-elle vû vingt Regnes s'écouler, avant que de recevoir le coup fatal. La main de LOUIS le porta. S'être mis en état de pouvoir frapper le monstre, c'est le comble de sa gloire; l'avoir voulu terrasser, c'est l'effet de sa Religion. L'iniquité si sujette à se contredire, tantôt attribua l'extirpation

Calvinisme.

Le Temple de Charenton.

Numquid non occidit gigantem, & abstulit opprobrium de gente. Eccl. c. 47. v. 4.

de l'héréſie à un rafinement de politique; & tantôt elle regarda comme un défaut de politique, les ſecours dont nous nous privions, & les bras que nous prêtions à l'Etranger. Vous liſiez, Seigneur, au fond du cœur de LOUIS! Vous y vîtes les intérêts de l'Etat, ſacrifiez à ceux de l'Egliſe, & vous permîtes que les factions de ces turbulens Ennemis, dans les Etats de l'Europe où ils ſe répandirent, tournaſſent à la gloire, & à l'avantage du Roy. L'Eſpagne, ce Royaume ſi catholique, vit avec joye ſur ſon Trône, un Rejetton du Vangeur de la Catholicité. Enfin nos Ennemis accrus par ce grand nombre d'Exilez volontaires, n'en furent pas moins vaincus. L'héréſie murmura de la douce violence qu'on fit à des brebis égarées, pour les faire rentrer au bercail. Elle avoit oublié qu'elle s'étoit ſervie du fer & du feu, pour les en ſéparer.

Quelle reſſource l'ame de LOUIS preſentée au Tribunal du juſte Juge, n'aura t-elle pas trouvée, dans le zele efficace qu'il eut pour la Religion? David s'accuſoit autrefois, que la multitude de ſes péchez ſurpaſſoit le nombre des cheveux de ſa tête. Il en commit de ſcandaleux, dont la mémoire s'eſt éterniſée par le récit des Livres ſaints. Cependant David, canoniſé par le Saint-Eſprit, eſt repréſenté comme un Prince ſans péché. Les expreſſions ſont remarquables : *Præter David, Ezechiam, & Joſiam, omnes peccatum commiſerunt.* Tous les Rois d'Iſrael tombérent dans l'iniquité, dit-il, hors David, Joſias, & Ezéchias. Quoi

Eccleſiaſtici cap. 49.

David fut-il parfaitement innocent ? Quoi Bethzabée & Urie, n'ont-ils pas imprimé ſur ſa vie des taches, qui lui furent reprochables ? Quoi le déréglement n'eſt-il plus puniſſable, lorſqu'il a été commis ſur le Trône ? Non, Meſſieurs. Mais le zele de David à étendre, & à conſerver le vrai culte, ſemblable à celui d'Ezéchias & de Joſias, ſervit à réparer les bréches qu'il fit à ſon innocence. Le Seigneur pardonne, efface, oublie, en faveur de la Religion ſoutenüe, amplifiée, des offenſes, que la ſéduction des objets rend, dans les Princes, plus dignes de ſes grandes miſéricordes. Faites l'application, Meſſieurs. Et à l'égard de LOUIS, raſſûrez-vous contre la rigueur des Jugemens de Dieu.

Ce ne fut pas là le ſeul genre d'expiation que le Seigneur agréa, dans un Prince contrit & pénitent. Il ſe plut à exercer ſur lui une vangeance miſéricordieuſe, dès la vie préſente, pour pûrifier une ame qu'il vouloit ſauver. L'Ange exécuteur de la Juſtice du Ciel, ſe montre au nouveau David, & lui préſente divers fleaux. Je parle dans la Chaire de vérité, où la flaterie, & le déguiſement n'ont point de lieu. LOUIS fut épris d'un violent amour de la grandeur, & il eut une ſenſibilité de cœur, qui le fit tomber. C'eſt par là même que Dieu le punit. C'eſt ſur ſa gloire, c'eſt ſur ſon cœur, qu'il ſe vange pendant le tems, pour l'épargner pendant l'Eternité.

Le gain de vingt Batailles, la priſe de cent Villes, la conquête de dix Provinces, avoient mis LOUIS

Ps. 35. en état de dire, comme David, *non movebor in æternum*. Non, je ne ſerai jamais ébranlé. L'Empire étoit allarmé, & déja il trembloit pour ſa Capitale. La Flandre la plus reculée, ne ſervoit plus de barriére à la Hollande. L'Europe confédérée ſuccomboit ſous les forces d'un ſeul, & l'Eſpagne, autrefois languiſſante, ſe ranimoit ſous ſon jeune Roy, victorieux au centre de l'Italie. Nos troupes, comme les flots de la mer, s'étoient répandües ſur l'Allemagne; mais le Dieu des combats leur avoit fixé un point, qui ne leur fut plus permis de paſſer. Ocheteck, nom que Villars avoit rendu formidable à nos Ennemis, fut le terme, où l'impétuoſité de nos armes vint ſe briſer. Ramilly, continua de flétrir nos lauriers. Enfin des Nations, à qui nous avions appris à combatre, nous montrérent qu'elles avoient appris à nous vaincre. LOUIS reconnut la main de Dieu, qui s'appeſantiſſoit ſur lui. Plus il étoit Grand, plus il ſentit la diminution de ſa gloire. Il en profita pour s'humilier, pour ſe confondre devant Dieu. Mais Héros juſques dans ſa pénitence, il ſçut l'accepter avec courage. Il benit la main qui le frappoit, ſans marquer de baſſeſſe, ou de découragement. Sa conſtance ne fut pas diminuée par l'inégalité des ſuccès, & ſa piété s'accrut par les revers. Son ame étoit pénétrée de douleur. Il en fit l'aveu, à ces religieux Miniſtres, qu'il avoit fait les dépoſitaires de ſa conſcience. Ceux-ci tournérent l'amertume de ſon ame, en un reméde ſalutaire. Dieu changea les larmes de ſon affliction, en des ſentimens

timens de componction. Ah, Seigneur! puisqu'il est certain que vous ne méprisez pas un cœur contrit, & humilié, vous voyez un grand Roy prosterné devant vous, dans l'état où vous aimez à réduire la grandeur humaine, pour honorer votre souveraineté. Non, Messieurs, le Seigneur ne détourna pas ses yeux de dessus un spectacle si glorieux à son domaine. Après avoir mortifié, il vivifia. Il donna à LOUIS des marques de réconciliation, dès la vie présente. A l'orage succéde la sérénité. Sa gloire se répare, mais avec un avant goût des délices éternelles. Sa vertu épurée par les afflictions, n'avoit plus à craindre l'enchantement de la grandeur humaine. Dieu la lui rendit, pour les intérêts de son Eglise.

Victoire de Dénain.

Cependant ce cœur trop sensible, va bientôt être puni par sa sensibilité même. On sçait quelle tendresse cet auguste Pere eut toujours pour le Dauphin son Fils, & cet Ayeul, ce Bisayeul fortuné, pour ses Petits-Fls, enfin pour tous les Princes issus de son sang. Il les avoit vû croître au tour de son Trône, comme autant de jeunes oliviers, qui nous promettoient un Regne pacifique, après tant d'agitations, & de guerres. Tous sembloient avoir été formez, pour faire la félicité des peuples.

Sicut novellæ olivarum, &c.

Le Fils, à un air gracieux, & à des desirs moderez, joignoit un humanité, une droiture, & une bonté, qui présageoit à la France le retour du fabuleux siécle d'or. Un autre Dauphin, notre seconde espérance, d'un génie élevé, & d'une pénetration d'esprit, que la piété avoit tournée au bien public, étoit déja un modéle de régularité par ses exemples, & seroit devenu le plus solide appui de l'Eglise, par son sçavoir, & par sa Religion. Le Duc d'Anjou, disparu à nos yeux, portoit ailleurs une Couronne, dont il étoit digne. Dans le Duc de Berry, le Roy se plaisoit à voir un air de franchise, & de popularité, qui le rendoit aimable. Trois arriéres-petits-Fils, tendres rejettons, commençoient à porter leurs premiéres fleurs. De tant de Princes, les uns partageoient, avec LOUIS, les soins de la Royauté, les autres faisoient l'amusement de sa vieillesse. Que d'innocentes délices ne goûtoit-il pas, à se voir revivre dans une si chére, dans une si nombreuse postérité? Dieu juste dans tes Jugemens, tu t'armas de ton glaive! Les coups que tu portas sur les Enfans, percérent le cœur du Pere. Tous les environs du Trône furent comblez de funérailles. La mort moissonna l'Epoux avec l'Epouse, & sembla les percer du même trait. La France retentissoit de gémissemens. Pour son Roy, renfermant sa tendresse au fond du cœur, il dévoroit, en Héros, des larmes, qu'il ne manifestoit que devant Dieu. Au pié des Autels, il crut qu'il étoit utile, & nécessaire de pleurer. Utile, parcequ'en la présence de Dieu, l'aveu de la foiblesse humaine tourne à la gloire de l'immortel. Nécessaire, parcequ'en reconnoissant les vangeances du Ciel, LOUIS détestoit, expioit ses péchez, qu'il en regardoit comme la cause. C'étoit ainsi que le Ciel le purifioit, en le faisant passer par les épreuves de la tribulation.

C'étoit ainsi que par les mortifications de l'esprit, plus cuisantes que celles du corps, il le purifioit de ses iniquitez passées. C'étoit ainsi qu'en se dégageant des affections de la terre, LOUIS s'approchoit du Royaume de Dieu. C'étoit ainsi, qu'appercevant tant de vuide dans un vaste palais, il s'apprivoisoit avec la mort, & qu'il s'accoutumoit à la solitude du tombeau.

A ces mots, Messieurs, vos sanglots se renouvellent. Nous espérions qu'un Regne, dont la longueur n'eut presque point d'exemple dans l'Histoire, dureroit autant qu'il étoit nécessaire, pour achever notre bonheur. La paix de l'Europe sembloit nous le promettre, & notre espérance étoit fondée sur la santé d'un Prince, soutenüe par un heureux tempérament, & par la diminution de ses inquiétudes. Cependant le Roy étoit mûr pour le Ciel. Dieu l'appelle dans un séjour plus brillant encore, que le Trône des Monarques. Il se charge de nos intérêts, & de ceux de son Eglise. Il les remet en des mains capables de les procurer. Assez long-tems LOUIS a vécu, pour conquerir le Ciel, & c'est assez. Il ne lui reste plus qu'un combat à soutenir, c'est contre la Mort. Il en sortira victorieux, & son héroïsme ne l'abandonnera pas, même sur le lit de sa douleur. Son corps est la derniére victime, qui doit être immolée à la pénitence; mais c'est avec lenteur que son sacrifice doit s'achever.

On diroit que Satan a demandé au Seigneur d'essayer, une autrefois, ses rigueurs sur la chair de

LOUIS, comme sur la chair de Job, pour lasser sa constance. Il n'est pas étonnant, dit autrefois le tentateur, que votre serviteur ait souffert, avec résignation, la perte de ses enfans, & de ses terres. Peut-être se livrera-t-il au murmure, lorsque l'atteinte sera personnelle : *Déployez donc votre bras, & frappez sa personne, & sa chair.* LOUIS est en proye aux mêmes maux, qui signalérent la patience de Job : *Percussit Job ulcere pessimo.* Un ulcere se forme, le dévore, le consume. En vain des mains cruellement charitables employent le fer. Elles augmentent ses douleurs, sans diminuer le danger. Au lieu de ce grand nombre de consolateurs, dont Job est environné, tout est en allarmes au tour du Roy. Seul tranquille, il devient le Consolateur de ceux qui le plaignent. Il dissimule ce qu'il souffre, pour nous épargner des soupirs. La sérénité qui paroît sur son visage, est égale à la tranquilité de son cœur. Il livre sa chair au ciseau, comme si c'étoit une chair étrangere. Nulle foiblesse, nulle impatience. Il conserve un air de Majesté, au tems de la plus cuisante douleur. Jusqu'ici c'est le Héros. Le Chretien se montre ensuite, & nous présente, une scene aussi pathétique, mais encore plus édifiante. On célébre les saints Mystéres sous ses yeux. Au tems même de ses plus grandes dissipations, il n'avoit jamais manqué d'y assister, avec une modestie, qui rendoit témoignage à sa foi. Dans ces jours de langueur, il en fait l'objet de sa plus tendre consolation. Le sang qui coule de ses veines, & de

Mitte manum tuam, & tange os ejus & carnem. Job. c. 2.

Ibid.

ses playes, il l'unit à celui de son Rédempteur, offert en sacrifice. Pendant sa vie, il ne s'étoit rien retranché de la simplicité des cultes autorisez. Mourant, il occupe d'ennuyeux instans à recourir à Marie, & à lui redire sans cesse: *Soyez-moi propice à l'heure de la mort.* Il puise de la force dans la réception du Pain céleste, & possédant son Dieu dans son sein; non, dit-il, non, *quand je marcherois au milieu des ombres de la mort, je n'aurois rien à craindre, Seigneur! parceque vous étes avec moi.*

Si ambulavero in medio umbræ mortis, non timebo mala, quoniam tu mecum es. Ps. 22.

Les derniéres Onctions, en lui rappellant le souvenir de ses péchez, raniment, dans lui, la confiance qu'ils ont été remis. Aussi d'une voix ferme, il répond aux priéres du Ministre, & sa contrition est accompagnée d'une salutaire espérance. Son amour pour Dieu éclatte, dans la reconnoissance qu'il témoigne de ses bienfaits.

Non, je ne suis plus surpris de cette intrépidité héroïque, qui signala les derniéres jours de LOUIS, prêt d'expirer. L'irreligion rend quelquefois les impies téméraires à la mort. Un doute (hé que peuvent-ils avoir de plus?) un simple doute, que le crime ne trouvera point de vangeur, les rassûre, contre les craintes de l'avenir. Pour LOUIS, s'il brave la mort, c'est par le courage que lui inspire la foi. Il sçait que JESUS-CHRIST a répandu son sang pour tous. Il en a senti la grace, dans le changement qu'elle a faite de son cœur. Elle l'a aidé, soutenu, à pleurer, à expier ses péchez. Il prend donc le parti d'en faire usage, pour l'Eternité. Il tient à la main le Crucifix. Il cole ses levres presque éteintes sur l'image de JESUS expiré. Plein de ces sentimens, il renonce à la vie, avec la même indifférence, qu'il quittoit autrefois un palais, pour aller en habiter un autre. Muni des *derniéres graces de l'Eglise* (car c'est ainsi qu'il les appella, quand il demanda d'être admis à la réception des Sacremens) il se reposoit dans la possession de son Dieu, lorsqu'un spectacle touchant se présente à ses yeux. Ce jeune Prince, que la providence a réservé, seul de tant d'autres, pour le faire asseoir sur le Trône de son Bisayeul, est conduit comme Jacob, pour recevoir la bénédiction d'Isaac. Ses yeux ne s'y méprirent pas, & l'attendrissement fut réciproque. Seigneur, souffrez encore dans LOUIS ce leger retour sur quelque autre objet, que sur vous! Cet auguste Enfant verse des pleurs, pousse des cris. Il va perdre les caresses du plus tendre des peres. Ici LOUIS déploye toute sa vertu. Il rend utiles à son peuple les derniéres paroles qu'il adresse à ce cher Fils. Pour l'instruire, il ne ménage plus sa gloire. Il fait un humiliant aveu des écueils, où la flatterie, & la séduction l'ont conduit. Il l'exhorte à les éviter, & à reconnoître au-dessus de lui un Roy supérieur aux Rois de la terre. Il y a plus, LOUIS ranime un reste de vigueur, pour lui recommander les intérêts d'un Peuple fidéle, & pour l'exhorter à préférer la tranquilité, & le bonheur de ses Sujets, à sa propre grandeur. Si votre âge, ajouta-t-il, vous a rendu moins capable de ces instructions, une Dame vertueuse, préposée à gouverner votre enfance, voudra bien vous les retracer. Croissez, jeune Monarque pour la félicité publique! Profitez des leçons que LOUIS mourant vous donna, & que le Prince qui nous apprend à vous obéir, vous tracera par sa sage conduite. Par là votre Regne nous rendra aussi fortunez, que celui de votre Bisayeul nous rendit glorieux.

Cependant les heures du pélerinage s'écoulent. Les forces du Malade diminuent, & la consternation s'augmente autour de lui. Des sanglots interrompent l'attention continuelle qui l'attache au Créateur. LOUIS en est pénétré. Cessez de gémir, dit-il, à de fidéles serviteurs : *Avez-vous cru que j'étois immortel?* Non, Messieurs, il ne l'étoit pas. Nous l'avons perdu. Son ame vivra dans le sein de l'Eternité, & son nom ne périra jamais dans la mémoire des François. L'Histoire conservera fidellement les monumens d'un Regne, qui paroîtra plus admirable encore, dans les siécles à venir.

Pour nous, profitons des exemples de ses vertus. Préparons nous, par la pénitence, à une mort précieuse devant Dieu. La conduite de LOUIS, pour nous y porter, justifie les paroles de mon texte : *Maximus fuit in salutem Electorum Dei.* Il fut très-grand à procurer le salut des Elûs de son peuple. Que n'avez-vous pas fait, Grand Roy! pour en multiplier le nombre dans vos Etats? Que d'ouailles égarées ramenées par vos soins au sein de l'Eglise ! Que d'erreurs, que de nouveautez proſcrites ! Quelle protection donnée au Clergé ! Que de vices extirpez par ſon zele autoriſé ! Que d'aziles à l'innocence érigez par vos bienfaits ! Que de tendres Colombes tirées d'une pure, mais indigente Nobleſſe, pour être inſtruites, par vos largeſſes, à gémir au pied des Autels ! Que de Soldats devenus invalides, entretenus au ſein de la piété ! Que de retraites à la mendicité & à l'indigence ! Que d'inſtitutions utiles contre l'oiſiveté ! Que de Réglemens ſalutaires à la réformation des mœurs ! Malheureux ſi nous ne répondons pas aux deſſeins qu'il eut, de contribuer le plus, après Dieu, à notre élection ! Du moins marquons-lui notre reconnoiſſance, en mêlant nos voix avec celles des Miniſtres, pour lui obtenir le repos éternel.

De l'Imprimerie de JACQUES QUILLAU, rue Galande 1715.

APPROBATION.

J'Ai lu par ordre de Monseigneur le Chancelier l'*Oraison Funebre de LOUIS LE GRAND, prononcée dans l'Eglise d'Evreux par M. l'Abbé Aunillon, Chanoine de la même Eglise & Grand Vicaire de M. d'Evreux:* Elle répond noblement à la dignité & à la grandeur de son sujet. La lecture en fera plaisir au public. A Paris le 9 Novembre 1715.

REGERY.

PRIVILEGE DU ROY.

LOUIS par la grace de Dieu, Roy de France & de Navarre : A nos amez & feaux Conseillers les Gens tenans nos Cours de Parlement, Maîtres des Requestes ordinaires de notre Hôtel, de notre Grand Conseil, Prevôt de Paris, Baillifs, Senechaux, leurs Lieutenans Civils, & autres nos Justiciers qu'il appartiendra, SALUT. Notre bien amé le Sieur Abbé AUNILLON Nous ayant fait supplier de lui accorder nos Lettres de permission pour l'impression d'une *Oraison Funebre de notre très-honoré Seigneur & Bisayeul LOUIS LE GRAND, qu'il a prononcée dans l'Eglise d'Evreux:* Nous avons permis & permettons par ces Presentes audit Sieur Abbé AUNILLON de faire imprimer ladite Oraison en telle forme, marge, caractere, & autant de fois que bon lui semblera, & de la faire vendre & debiter par tout notre Royaume pendant le tems de trois années consecutives, à compter du jour de la datte desdites Presentes. Faisons défenses à tous Imprimeurs, Libraires & autres personnes de quelque qualité & condition qu'elles soient, d'en introduire d'impression étrangere dans aucun lieu de notre obéissance : à la charge que ces Presentes seront enregistrées tout au long sur le Registre de la Communauté des Imprimeurs & Libraires de Paris, & ce dans trois mois de la datte d'icelles; que l'impression de ladite Oraison sera faite dans notre Royaume, & non ailleurs, en bon papier & en beaux caracteres, conformément aux Reglemens de la Librairie ; & qu'avant que de l'exposer en vente il en sera mis deux Exemplaires dans notre Bibliotheque publique, un dans celle de notre Château du Louvre, & un dans celle de notre très-cher & feal Chevalier Chancelier de France le Sieur Voisin, Commandeur de nos Ordres, le tout à peine de nullité des Presentes : Du contenu desquelles vous mandons & enjoignons de faire jouir l'Exposant ou ses ayans cause pleinement & paisiblement, sans souffrir qu'il leur soit fait aucun trouble ou empêchement. Voulons qu'à la Copie desdites Presentes qui sera imprimée au commencement ou à la fin dudit Livre, foi soit ajoûtée comme à l'Original. Commandons au premier notre Huissier ou Sergent de faire pour l'execution d'icelles tous Actes requis & necessaires, sans demander autre permission, & nonobstant Clameur de Haro, Charte Normande & Lettres à ce contraires : CAR tel est notre plaisir. DONNE' à Paris le vingt-sixiéme jour du mois de Novembre, l'an de grace mil sept cens quinze, & de notre Regne le premier. Par le Roy en son Conseil, *Signé*, DE S. HILAIRE, avec paraphe. Et scellé du grand Sceau de cire jaune.

Registré sur le Livre de la Communauté des Libraires & Imprimeurs de Paris, N°. 1320. conformément aux Reglemens, & notamment à l'Arrest du Conseil du 13 Aoust 1703. A Paris le 3 Decembre 1715.

Signé, DELAUNE, Syndic.

APPROBATION.

[illegible]

PRIVILEGE DU ROI.

LOUIS par la grace de Dieu, Roy de France & de Navarre : A nos amés & féaux Conseillers les Gens tenans nos Cours de Parlement, [illegible]

[illegible] Nous ayant fait [illegible] qu'il desireroit faire imprimer [illegible] s'il Nous plaisoit lui accorder nos Lettres de Privilege [illegible] A ces causes, voulant favorablement traiter ledit Sieur Abbé [illegible], Nous lui avons permis & permettons par ces Présentes de faire imprimer ledit Livre en telle forme, marge, caractere & autant de fois que bon lui semblera [illegible]

[illegible]

[illegible] 1759 [illegible]

15

www.ingramcontent.com/pod-product-compliance
Ingram Content Group UK Ltd.
Pitfield, Milton Keynes, MK11 3LW, UK
UKHW020413220726
13923UKWH00004B/1931

9 782019 224752